Impressum
Verlag: BABADADA GmbH, Nedderfeld 112 , 22529 Hamburg
Geschäftsführer / Verlagsleitung: Harald Hof
Druck: Books on Demand GmbH, In de Tarpen 42, 22848 Norderstedt

Imprint
Publisher: BABADADA GmbH, Nedderfeld 112 , 22529 Hamburg, Germany
Managing Director / Publishing direction: Harald Hof
Print: Books on Demand GmbH, In de Tarpen 42, 22848 Norderstedt

paaralan
colegio

bawasin
dividir

$186/2$

pisara
pizarrón

silid-aralan
aula

bakuran ng paaralan
patio de escuela

guro
maestro

papel
papel

sumulat
escribir

pen
birome

mesa
escritorio

ruler
regla

aklat
libro

mag-aaral
alumno

satchel

mochila

lalagyan ng lapis

caja de lápices

lapis

lápiz

pantasa

sacapuntas

goma

goma (de borrar)

drowing pad

bloc de dibujo

drowing

dibujo

pinsel na pampinta

pincel

kahon ng pinta

caja de pinturas

gunting

tijera

pandikit

pegamento

aklat para sa pagsasanay

cuaderno de ejercicios

takdang-aralin

tarea

12

numero

número

2+2

dagdagan

sumar

5-2

bawasin

restar

2×2

paramihin

multiplicar

kalkulahin

calcular

A

liham

letra

ABCDEFG
HIJKLMN
OPQRSTU
VWXYZ

alpabeto

abecedario

hello

salita

palabra

teksto	basahin	yeso
texto	leer	tiza
	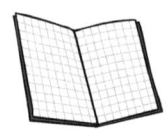	
leksyon	rehistro	eksaminasyon
lección	cuaderno de clase	examen

sertipiko	uniporme sa paaralan	edukasyon
certificado	uniforme escolar	educación

encyclopedia	unibersidad	mikroskopyo
enciclopedia	universidad	microscopio
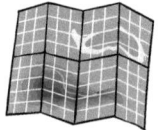		
mapa	basurahan ng papel	
mapa	tacho (de basura)	

paglalakbay
viaje

hotel
hotel
Grand
hostel
hostel
ROOMS
CHANGE
tanggapan ng palitan ng pera
casa de cambio
maleta
valija
kotse
auto

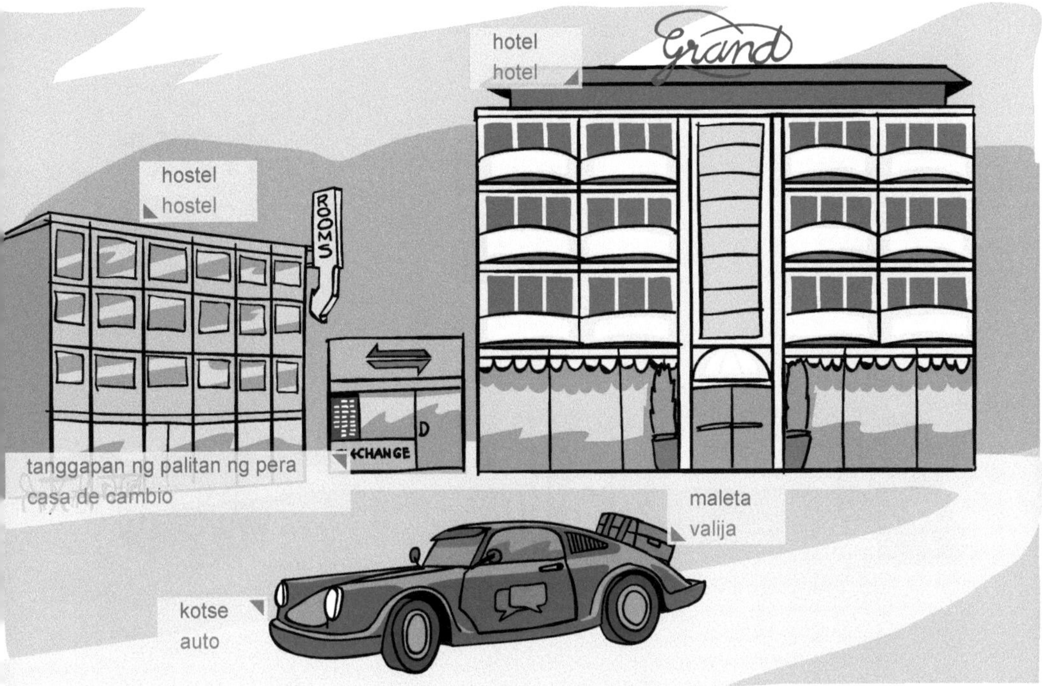

wika
idioma

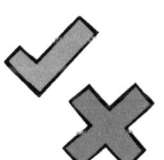

oo / hindi
sí / no

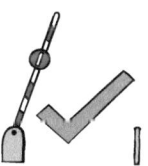

Okey
Está bien

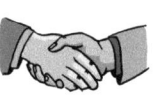

kumusta
hola

tagapagsalin
traductor

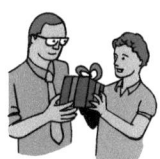

Salamat
Gracias

magkano ang...?

¿cuánto cuesta...?

Hindi ko maintindihan

No entiendo

problema

problema

Magandang gabi!

¡Buenas tardes!

Magandang umaga!

¡Buenos días!

Magandang gabi!

¡Buenas noches!

paalam

adiós

direksyon

dirección

bahage

equipaje

bag

bolso

napsak

mochila

panauhin

invitado

silid

habitación

sakong tulugan

bolsa de dormir

tolda

carpa

paglalakbay - viaje

impormasyon ng turista

información turística

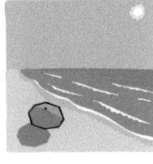

dalampasigan

playa

credit card

tarjeta de crédito

almusal

desayuno

tanghalian

almuerzo

hapunan

cena

tiket

pasaje

elebeytor

ascensor

selyo

sello

hangganan

frontera

adwana

aduana

embahada

embajada

visa

visa

pasaporte

pasaporte

transportasyon
transporte

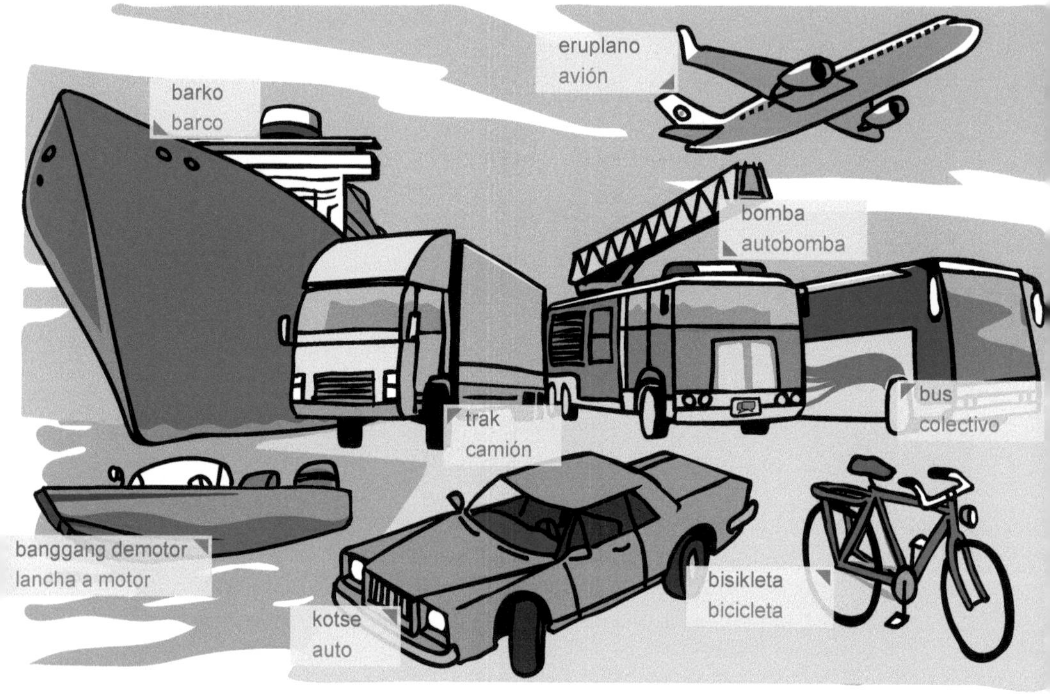

eruplano
avión
barko
barco
bomba
autobomba
bus
colectivo
trak
camión
banggang demotor
lancha a motor
bisikleta
bicicleta
kotse
auto

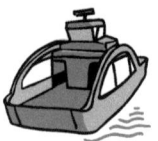

lantsang pantawid

ferry

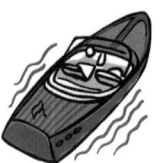

bangka

bote

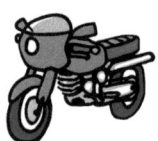

motorsiklo

moto

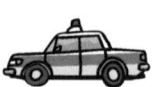

sasakyan ng pulis

patrullero

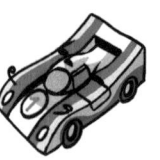

kotseng pangkarera

auto de carreras

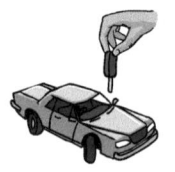

nirerentahang kotse

auto de alquiler

car sharing

alquiler de autos

trak na panghila

grúa

trak na pantapon ng basura

camión de basura

motor

motor

panggatong

nafta

gasolinahan

estación de servicio

karatula ng trapiko

señal de tránsito

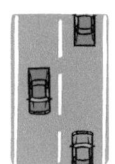

trapiko

tránsito

masikip na trapiko

embotellamiento

paradahan ng kotse

estacionamiento

estasyon ng tren

estación de tren

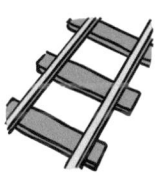

riles

vías

tren

tren

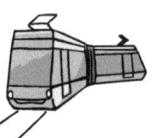

trambya

tranvía

wagon

vagón

helikopter

helicóptero

paliparan

aeropuerto

tore

torre

pasahero

pasajero

sisidlan

contenedor

karton

caja de cartón

kariton

carretilla

basket

canasta

umalis / lumapag

despegar / aterrizar

lungsod
ciudad

nayon

pueblo

sentro ng lungsod

centro de ciudad

bahay

casa

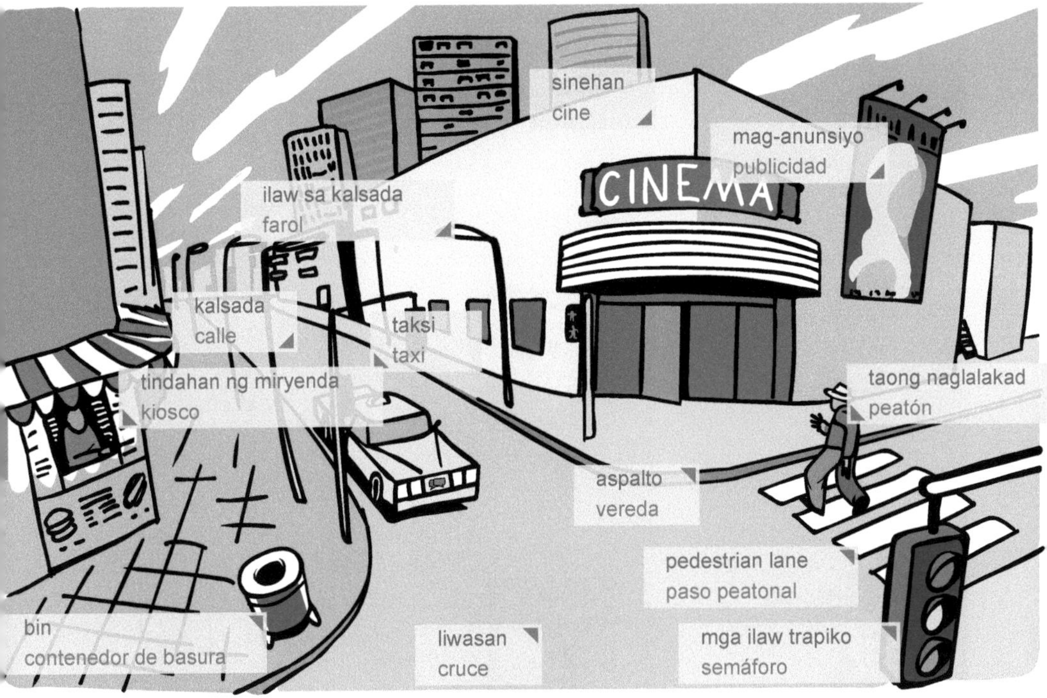

sinehan
cine

mag-anunsiyo
publicidad

ilaw sa kalsada
farol

CINEMA

kalsada
calle

taksi
taxi

tindahan ng miryenda
kiosco

taong naglalakad
peatón

aspalto
vereda

pedestrian lane
paso peatonal

bin
contenedor de basura

liwasan
cruce

mga ilaw trapiko
semáforo

kubo
cabaña

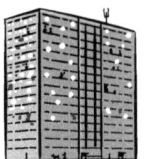

patag
departamento

estasyon ng tren
estación de tren

munisipyo
municipalidad

museo
museo

paaralan
colegio

unibersidad	bangko	ospital
universidad	banco	hospital

hotel	parmasya	opisina
hotel	farmacia	oficina

tindahan ng aklat	tindahan	tindahan ng bulaklak
librería	negocio	florería

supermarket	palengke	department store
supermercado	mercado	grandes tiendas

tindahan ng isda	sentrong pamilihan	daungan
pescadería	centro comercial	puerto

parke
....
parque

bangko
....
banco

tulay
....
puente

hagdan
....
escaleras

underground
....
subte

tunel
....
túnel

hintuan ng bus
....
parada del colectivo

bar
....
bar

restawran
....
restaurante

kahon ng koreo
....
buzón

karatula sa kalsada
....
letrero

metro ng paradahan
....
parquímetro

zoo
....
zoológico

swimming pool
....
pileta

moske
....
mezquita

bukid

granja

polusyon

contaminación

libingan

cementerio

simbahan

iglesia

palaruan

juegos infantiles

templo

templo

tanawin
paisaje

dahon
hoja

posteng pananda
poste indicador

daan
camino

parang
pradera

bato
piedra

hiker
excursionista

kahoy
árbol

ilog
río

damo
hierba

bulaklak
flor

lambak
valle

burol
montaña

look
lago

kagubatan
bosque

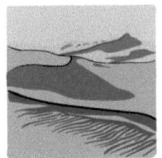

disyerto
desierto

bulkan
volcán

kastilyo
castillo

bahaghari
arco iris

kabute
champiñón

palmera
palmera

lamok
mosquito

langaw
mosca

langgam
hormiga

bubuyog
abeja

gagamba
araña

tanawin - paisaje

15

salagubang

escarabajo

palaka

rana

ardilya

ardilla

parkupino

erizo

liyebre

liebre

kuwago

lechuza

ibon

pájaro

sisne

cisne

bulugan

jabalí

usa

ciervo

moose

alce

dam

presa

turbina ng hangin

aerogenerador

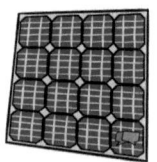

solar panel

panel solar

klima

clima

restawran
restaurante

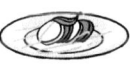

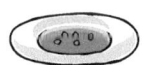

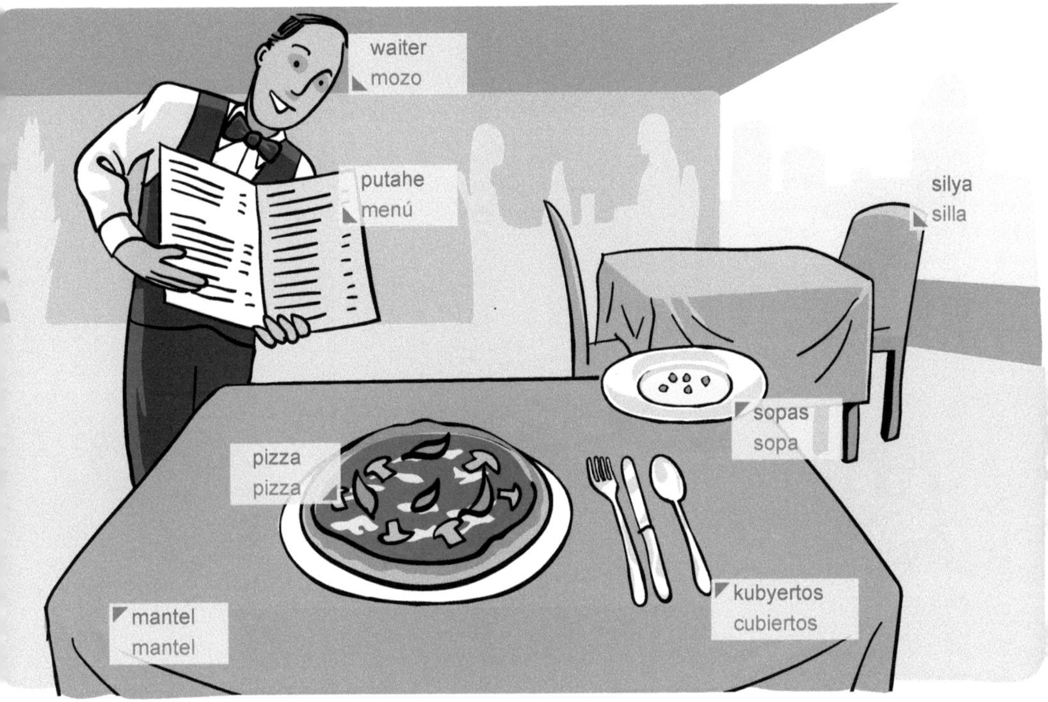

waiter
mozo
putahe
menú
silya
silla
sopas
sopa
pizza
pizza
mantel
mantel
kubyertos
cubiertos

panimula

entrada

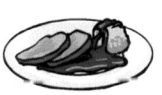

pangunahing pagkain

plato principal

panghimagas

postre

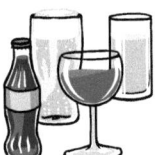

inumin

bebidas

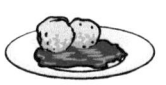

pagkain

comida

bote

botella

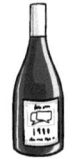

fastfood

comida rápida

pagkaing kalye

comida callejera

tsarera

tetera

panutsa

azucarera

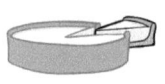

bahagi

porción

espresso machine

cafetera expreso

mataas na upuan

sillita alta

bayarin

cuenta

bandehado

bandeja

kutsilyo

cuchillo

tinidor

tenedor

kutsara

cuchara

kutsarita

cucharita

serviette

servilleta

baso

vaso

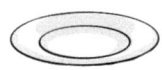

pinggan
plato

platong pansopas
plato hondo

platito
plato

sawsawan
salsa

pangkalog ng asin
salero

panggiling ng paminta
molinillo de pimienta

suka
vinagre

langis
aceite

pampalasa
especias

ketsup
kétchup

mustasa
mostaza

mayonnaise
mayonesa

supermarket

supermercado

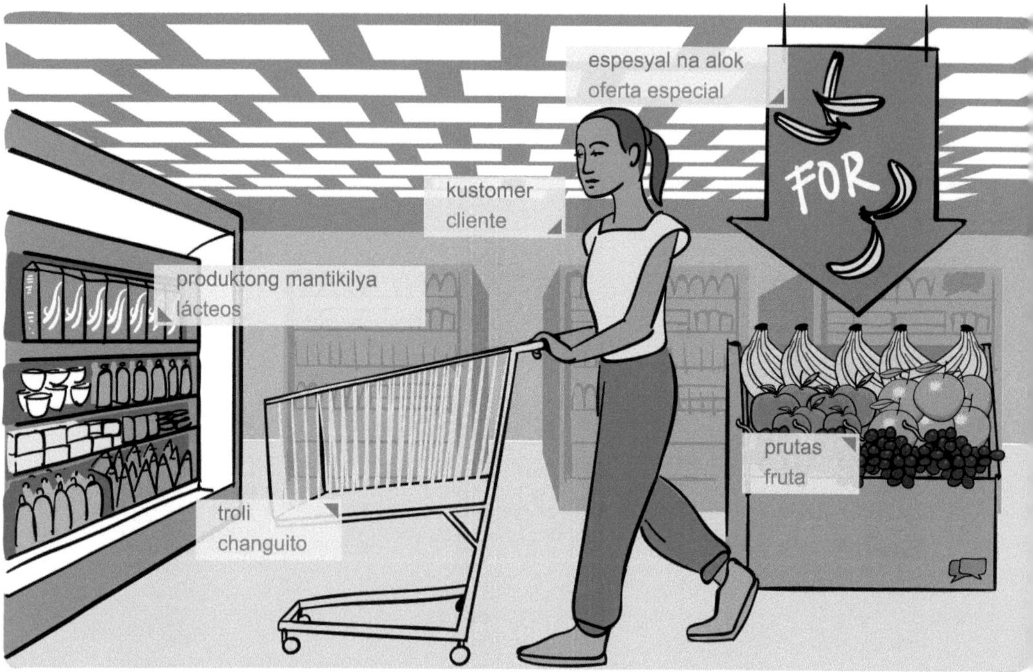

espesyal na alok
oferta especial
FOR
kustomer
cliente
produktong mantikilya
lácteos
prutas
fruta
troli
changuito

BUTCHERS

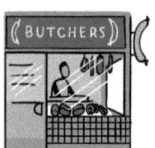

butser

carnicería

BAKERY

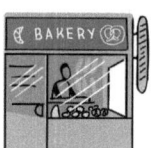

panaderya

panadería

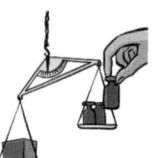

timbang

pesar

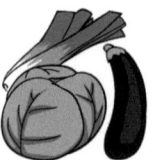

mga gulay

verduras

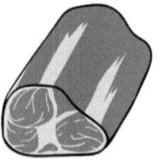

karne

carne

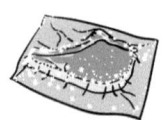

pinalamig na pagkain

alimentos congelados

malamig na karne

fiambres

delatang pagkain

alimentos enlatados

pulbos na panlaba

detergente en polvo

matatamis

golosinas

mga produktong pambahay

electrodomésticos

mga produktong panlinis

productos de limpieza

tindera

vendedora

cash register

caja

kahera

cajero

listahan ng pinamili

lista de compras

oras ng pagbubukas

horario de atención

pitaka

billetera

credit card

tarjeta de crédito

bag

cartera

plastik bag

bolsa de plástico

tubig

agua

juice

jugo

gatas

leche

coke

bebida cola

alak

vino

serbesa

cerveza

alak

alcohol

kakaw

cacao

tsaa

té

kape

café

espresso

café expreso

cappuccino

cappuccino

saging

banana

mansanas

manzana

kahel

naranja

melon

melón

limon

limón

carrot

zanahoria

bawang

ajo

kawayan

bambú

sibuyas

cebolla

kabute

champiñón

mani

nueces

noodles

fideos

spaghetti

tallarines

bigas

arroz

ensalada

ensalada

chips

papas fritas

pritong patatas

papas fritas

pizza

pizza

hamburger

hamburguesa

sandwich

sándwich

piraso ng karneng walang buto

churrasco

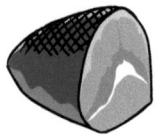

hamon

jamón

salami

salame

tsoriso

salchicha

manok

pollo

inihaw

asado

isda

pescado

mga porridge oat

copos de avena

muesli

muesli

cornflakes

copos de maíz

harina

harina

croissant

medialuna

rolyong tinapay

pancito

tinapay

pan

tostado

tostada

biskuwit

galletitas

mantikilya

manteca

keso

cuajada

keyk

torta

itlog

huevo

pritong itlog

huevo frito

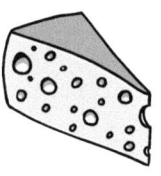

keso

queso

sorbetes

helado

asukal

azúcar

pulot

miel

jam

mermelada

tsokolateng pinapahid

pasta de chocolate

curry

curry

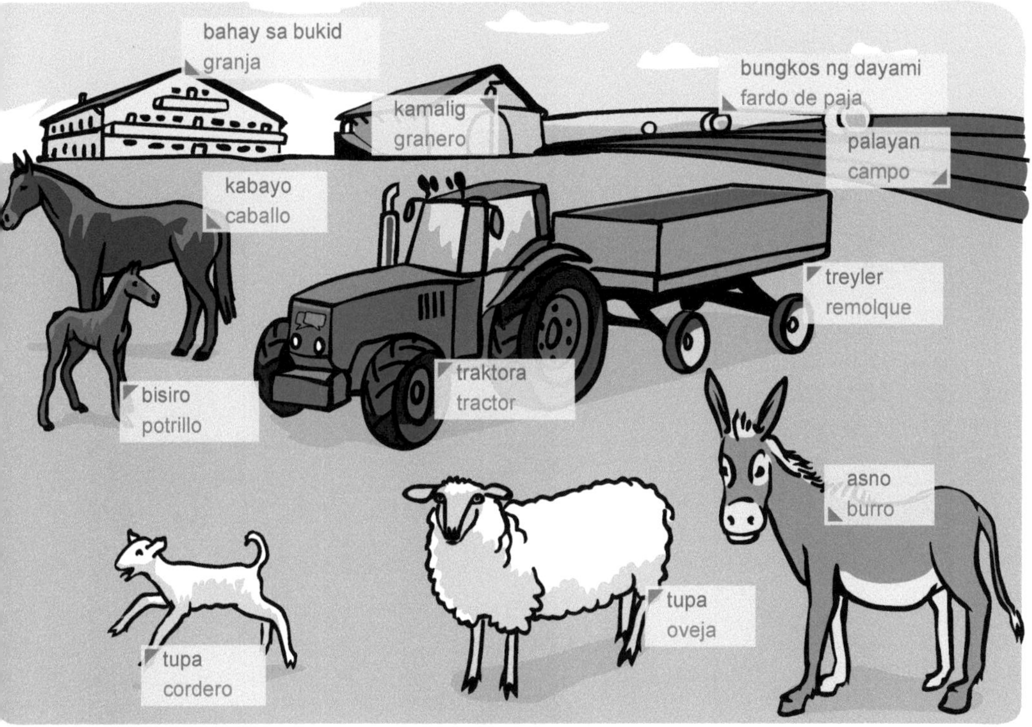

bahay sa bukid
granja

kamalig
granero

bungkos ng dayami
fardo de paja

palayan
campo

kabayo
caballo

treyler
remolque

bisiro
potrillo

traktora
tractor

asno
burro

tupa
oveja

tupa
cordero

kambing

cabra

baka

vaca

guya

ternero

baboy

cerdo

biik

lechón

toro

toro

gansa

ganso

pato

pato

sisiw

pollo

inahin

gallina

katyaw

gallo

daga

rata

pusa

gato

daga

ratón

kapong baka

buey

aso

perro

bahay ng aso

cucha

hose sa hardin

manguera

latang pandilig

regadera

haras

guadaña

araro

arado

karit

hoz

asarol

azada

tuhugin

horquilla

palakol

hacha

karitela

carretilla

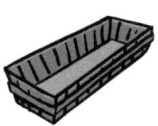

sabsaban

abrevadero

lata ng gatas

lechera

sako

bolsa

bakod

reja

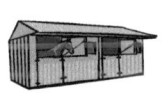

kuwadra

establo

punlaan

invernadero

lupa

suelo

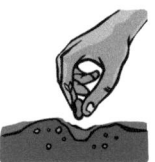

buto

semilla

pataba

fertilizador

combine harvester

cosechadora

mag-ani
....
cosechar

ani
....
cosecha

yams
....
batatas

trigo
....
trigo

soya
....
soja

patatas
....
papa

mais
....
maíz

rapeseed
....
semilla de colza

kahoy na namumunga
....
árbol frutal

kamoteng kahoy
....
mandioca

siryal
....
cereales

bahay

casa

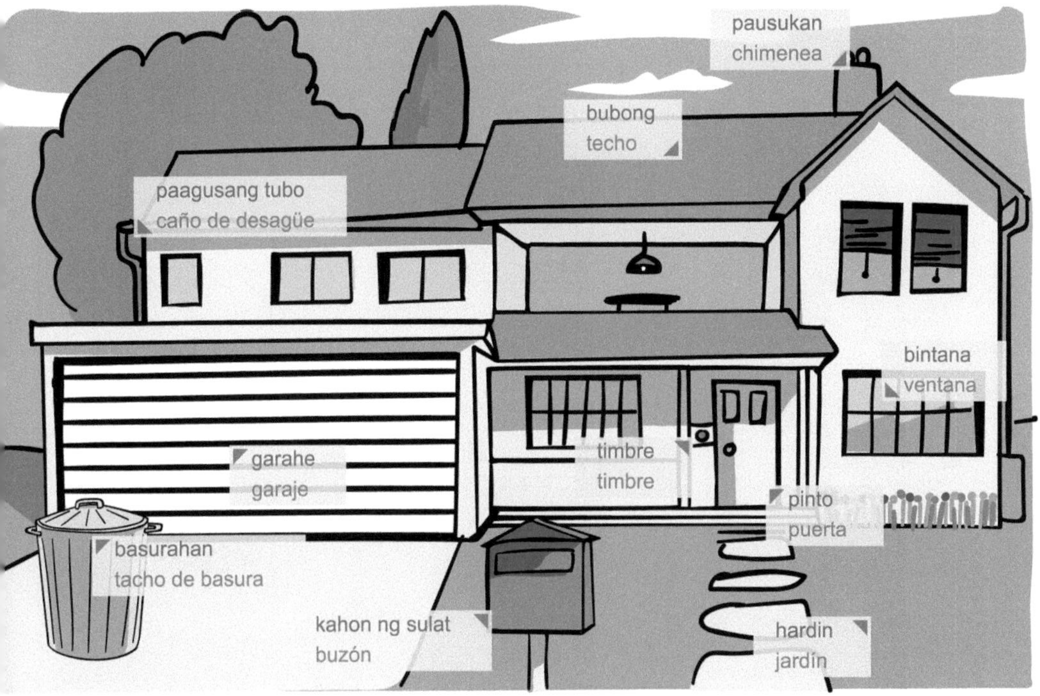
pausukan
chimenea
bubong
techo
paagusang tubo
caño de desagüe
bintana
ventana
garahe
garaje
timbre
timbre
pinto
puerta
basurahan
tacho de basura
kahon ng sulat
buzón
hardin
jardín

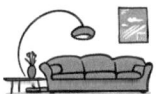

salas

living

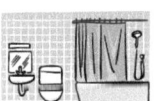

palikuran

baño

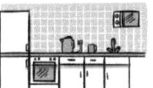

kusina

cocina

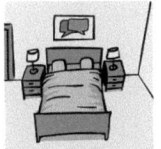

silid-tulugan

dormitorio

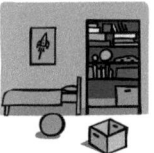

silid ng bata

cuarto de los chicos

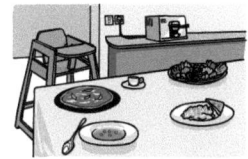

hapag-kainan

comedor

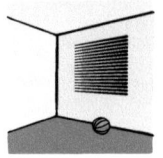

sahig

piso

pader

pared

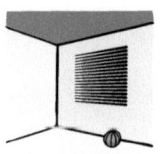

kisame

cielorraso

bodega ng alak

sótano

sauna

sauna

balkonahe

balcón

terasa

terraza

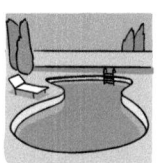

pool

pileta

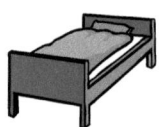

pamputol ng damo

cortadora de pasto

piraso ng papel

sábana

kobrekama

acolchado

higaan

cama

walis

escoba

timba

balde

pindutan

interruptor

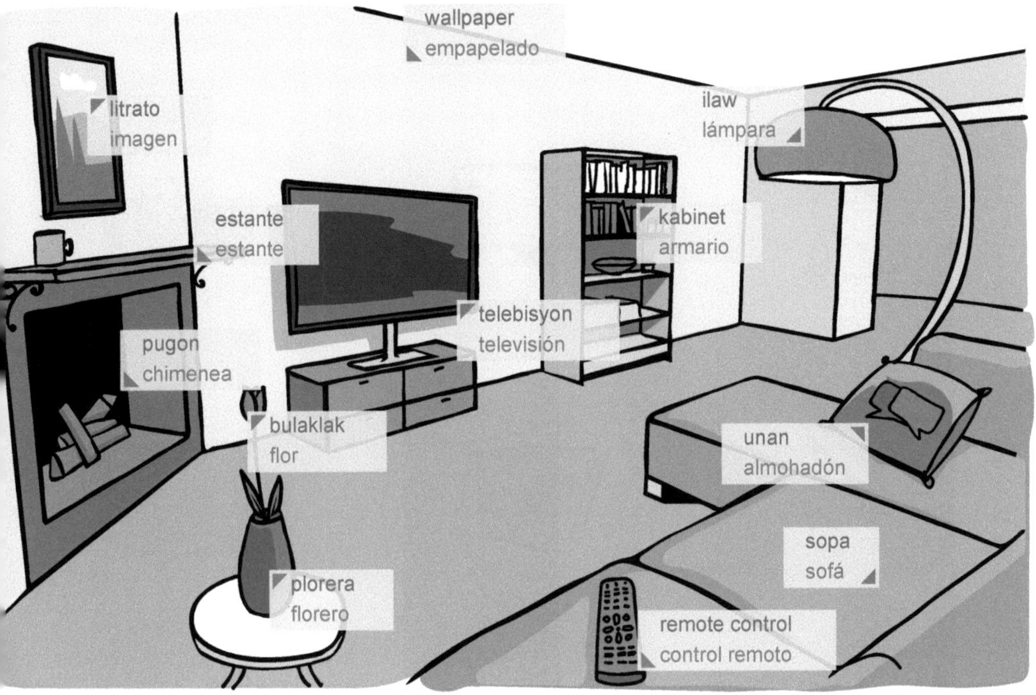

wallpaper
empapelado

litrato
imagen

ilaw
lámpara

estante
estante

kabinet
armario

pugon
chimenea

telebisyon
televisión

bulaklak
flor

unan
almohadón

sopa
sofá

plorera
florero

remote control
control remoto

karpet
alfombra

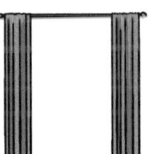

kurtina
cortina

mesa
mesa

silya
silla

tumba-tumba
mecedora

sandalan
sillón

aklat
libro

kumot
frazada

dekorasyon
decoración

kahoy na panggatong
leña

pelikula
película

hi-fi
equipo de música

susi
llave

dyaryo
diario

pinta
pintura

poster
póster

radyo
radio

kuwaderno
cuaderno

vacuum cleaner
aspiradora

kaktus
cactus

kandila
vela

kusina
cocina

pridyeder
heladera
microwave oven
microondas
timbangan sa kusina
balanza de cocina
pantusta
tostadora
sabong panlaba
detergente
kalan
horno
priser
freezer
basurahan
tacho de basura
dishwasher
lavaplatos

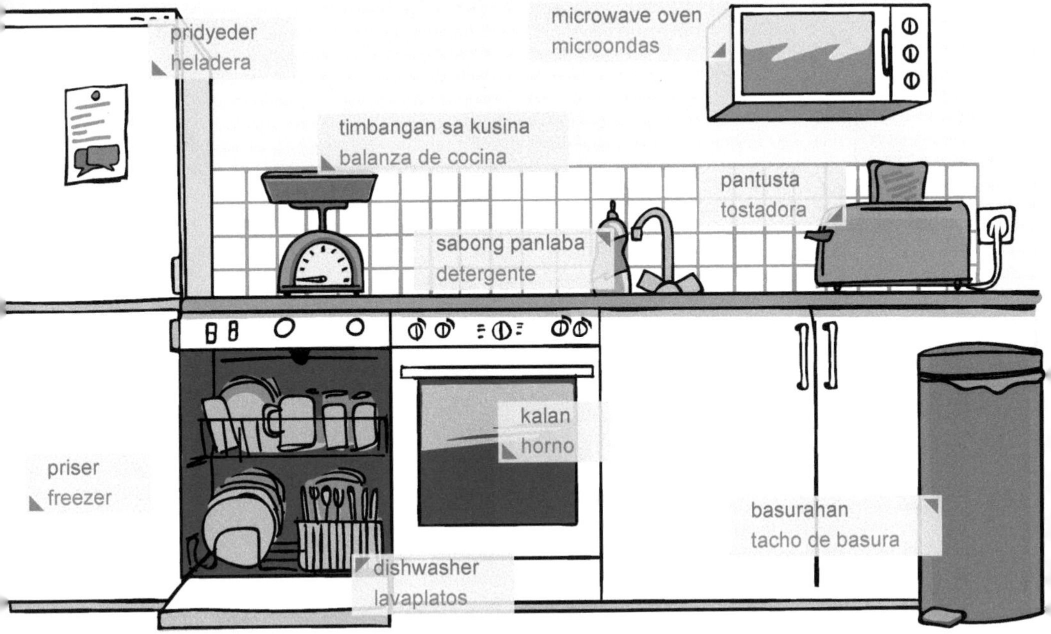

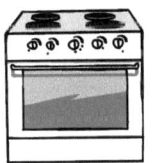

lutuan
cocina

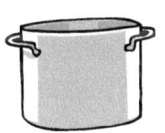

kaldero
olla

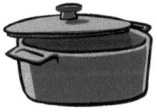

kalderong bakal
olla de hierro fundido

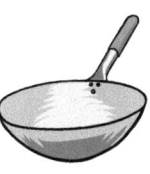

wok / kadai
wok

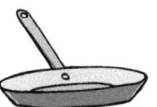

kawali
sartén

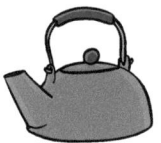

takore
pava

pasingawan

vaporera

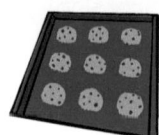

bandehado sa paghuhurno

bandeja de horno

babasagin

vajilla

mug

taza

mangkok

bol

sipit ng intsik

palitos

sandok

cucharón

spatula

estpátula

pampalis

batidora

pansala

colador

salaan

colador

pangkayod

rallador

almires

mortero

barbikyo

parrilla

siga

fogata

tadtaran

tabla de picar

rodilyo

palo de amasar

tribuson

sacacorchos

lata

lata

pambukas ng lata

abrelatas

panghawak ng kaldero

manopla

lababo

pileta

bras

cepillo

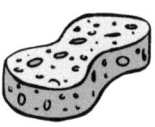

espongha

esponja

blender

batidora

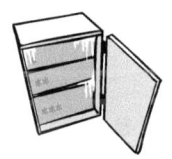

malalim na freezer

congelador

bote ng sanggol

mamadera

gripo

canilla

kusina - cocina

palikuran
baño

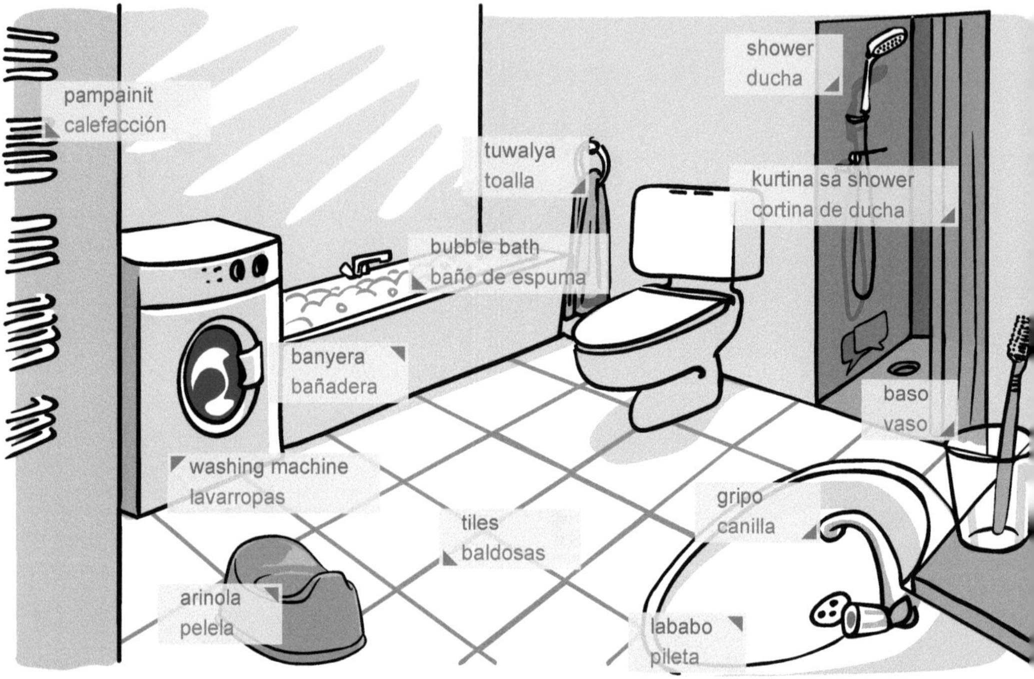

pampainit
calefacción
shower
ducha
tuwalya
toalla
kurtina sa shower
cortina de ducha
bubble bath
baño de espuma
banyera
bañadera
baso
vaso
washing machine
lavarropas
gripo
canilla
tiles
baldosas
arinola
pelela
lababo
pileta

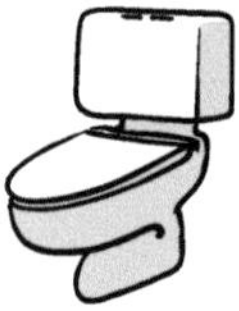

banyo
inodoro

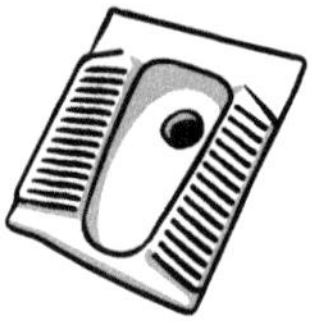

squat toilet
letrina

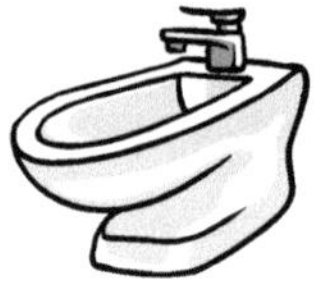

bidet
bidé

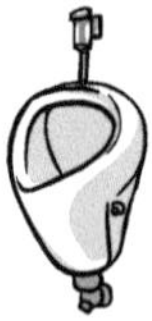

ihian
mingitorio

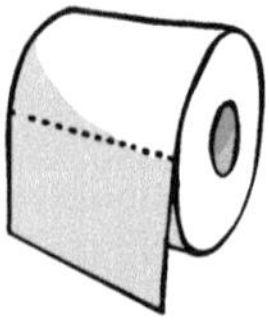

toilet paper
papel higiénico

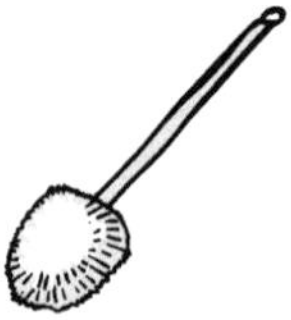

iskoba sa banyo
cepillo para el inodoro

sipilyo

cepillo de dientes

tutpeyst

dentífrico

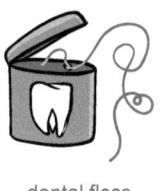

dental floss

hilo dental

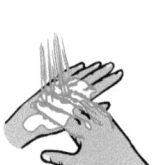

hugasan

lavar

shower na hinahawakan

ducha de mano

dutsa

ducha higiénica

palanggana

palangana

bras panlikod

cepillo para espalda

sabon

jabón

shower gel

gel de ducha

shampoo

shampoo

pranela

toallita

paagusan

desagüe

krema

crema

deodorant

desodorante

salamin

espejo

salaming hinahawakan

espejito

pang-ahit

maquinita de afeitar

bulang pang-ahit

espuma de afeitar

aftershave

aftershave

suklay

peine

brush

cepillo

pantuyo ng buhok

secador de pelo

sprey sa buhok

spray

makeup

maquillaje

lipistik

lápiz de labios

pampakintab ng kuko

esmalte para uñas

bulak na lana

algodón

panggupit ng kuko

tijera para uñas

pabango

perfume

washbag

portacosméticos

stool

banqueta

timbangan

balanza

bata

bata

gomang guwantes

guantes de goma

tampon

tampón

malinis na tuwalya

toallita femenina

chemical toilet

baño químico

silid ng bata
cuarto de los chicos

alarm clock
despertador
nayayakap na laruan
peluche
laruang kotse
coche de juguete
kuliling
sonajero
bahay ng manika
casa de muñecas
regalo
regalo

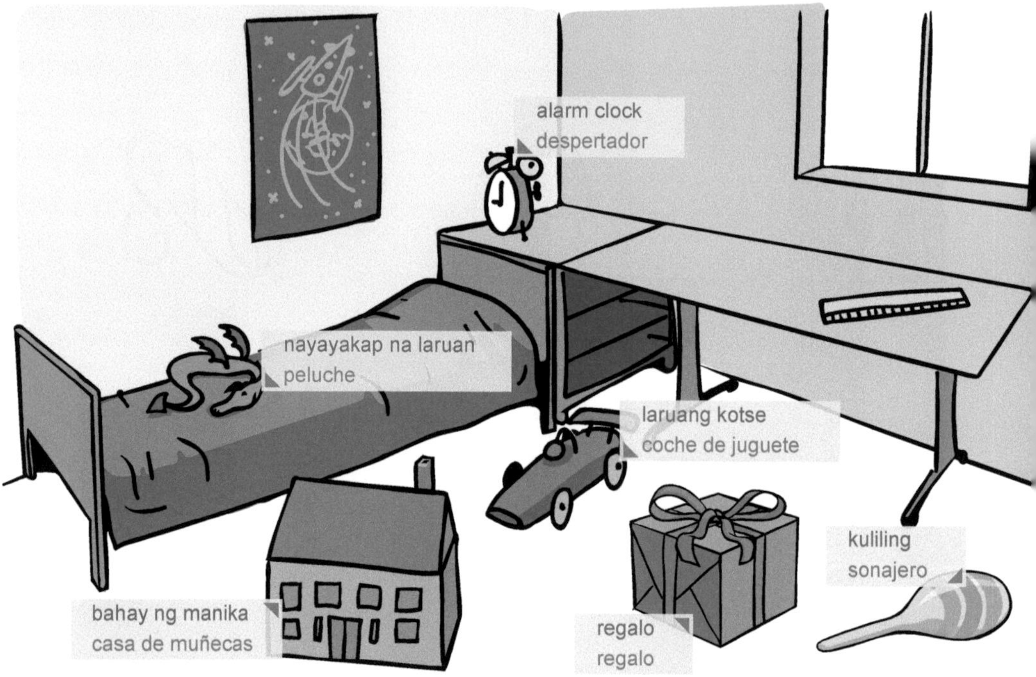

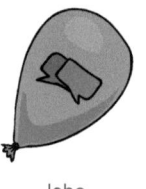

lobo

globo

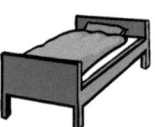

higaan

cama

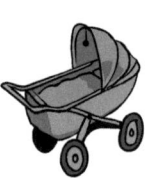

pram

cochecito

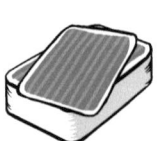

hanay ng mga baraha

cartas

jigsaw

rompecabezas

SUPER MEGA

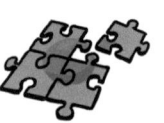

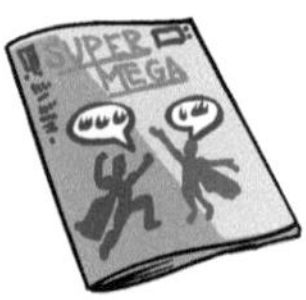

komiks

historieta

lego bricks

piezas de lego

blokeng laruan

ladrillos de juguete

action figure

figura de acción

paglaki ng sanggol

enterito (de bebé)

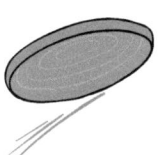

frisbee

frisbee

mobile

móvil para bebés

board game

juego de mesa

dice

dados

model train set

tren eléctrico

manikin

chupete

salu-salo

fiesta

aklat ng mga litrato

libro de cuentos ilustrado

bola

pelota

manika

muñeca

maglaro

jugar

tibagan ng buhangin

arenero

duyan

hamaca

mga laruan

juguetes

video game console

consola de videojuegos

traysikel

triciclo

teddy bear

osito de peluche

aparador

armario

pananamit

ropa

medyas

medias

stockings

medias panty

pampitis

calzas

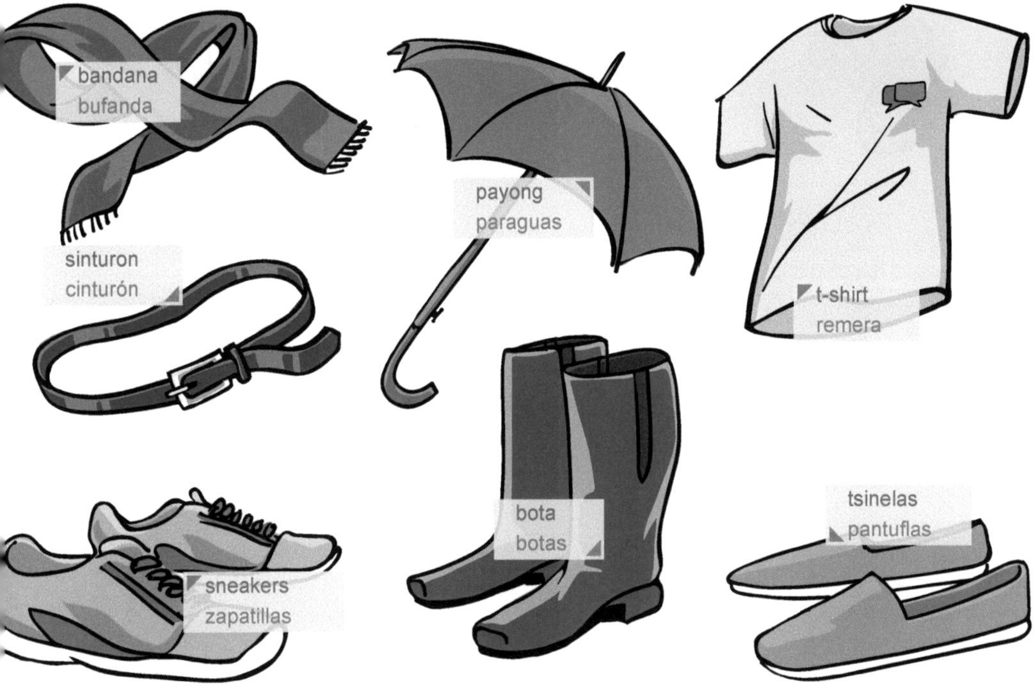

bandana
bufanda

sinturon
cinturón

payong
paraguas

t-shirt
remera

bota
botas

tsinelas
pantuflas

sneakers
zapatillas

sandalyas
....
sandalias

sapatos
....
zapatos

botang degoma
....
botas de goma

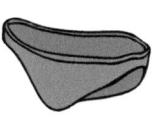

salawal
....
ropa interior

bra
....
corpiño

tsaleko
....
chaleco

katawan
body

pantalon
pantalones

jeans
jeans

palda
pollera

blusa
blusa

kamiseta
camisa

pullover
pulóver

panlamig
buzo

blazer
blazer

diyaket
campera

kapa
tapado

kapote
piloto

kasuotan
traje

bistida
vestido

damit pangkasal
vestido de novia

terno

traje

damit pantulog

camisón

padyama

pijama

sari

sari

bandana sa ulo

pañuelo para cabeza

turban

turbante

burka

burka

kaftan

caftán

abaya

abaya

panlangoy

traje de baño

trunks

short de baño

salawal

shorts

tracksuit

jogging

apron

delantal

guwantes

guantes

butones

botón

salamin

anteojos

pulseras

pulsera

kuwintas

collar

singsing

anillo

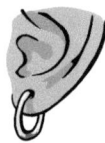

hikaw

aro

takip

gorra

sabitan ng kapa

percha

sombrero

sombrero

kurbata

corbata

siper

cierre

helmet

casco

tirante

tiradores

uniporme sa paaralan

uniforme escolar

uniporme

uniforme

bibero
babero

manikin
chupete

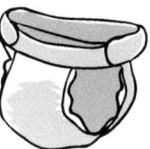

lampin
pañal

opisina
oficina

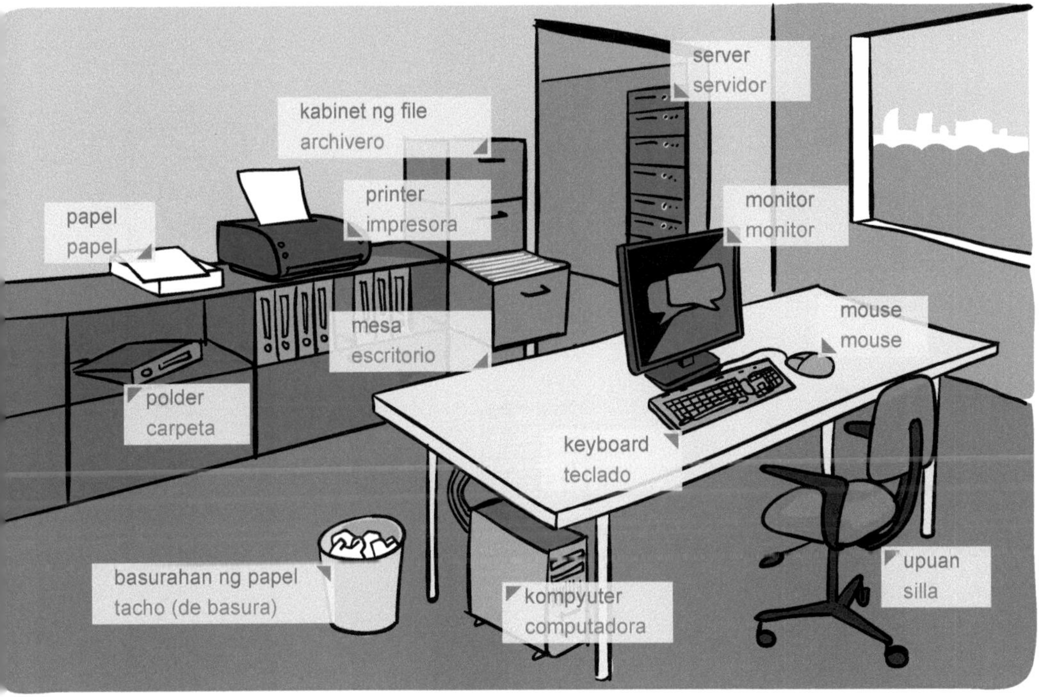

server
servidor

kabinet ng file
archivero

printer
impresora

monitor
monitor

papel
papel

mouse
mouse

mesa
escritorio

polder
carpeta

keyboard
teclado

basurahan ng papel
tacho (de basura)

upuan
silla

kompyuter
computadora

tasa ng kape
taza de café

calculator
calculadora

internet
internet

laptop
laptop

sulat
carta

mensahe
mensaje

mobile
celular

network
red

photocopier
fotocopiadora

software
software

telepono
teléfono

saksakan
tomacorriente

fax machine
fax

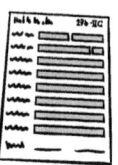

anyo
formulario

dokumento
documento

bumili
comprar

magbayad
pagar

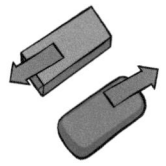

ikalakal
hacer negocios

pera
dinero

 **USD**

dolyar
dólar

 **EUR**

euro
euro

 **JPY**

yen
yen

 **RUB**

rublo
rublo

 **CHF**

swiss franc
franco suizo

 **CNY**

renminbi yuan
yuan

 **INR**

rupee
rupia

cash point
cajero automático

tanggapan ng palitan ng pera
casa de cambio

ginto
oro

tanso
plata

langis
petróleo

enerhiya
energía

presyo
precio

kontrata
contrato

buwis
impuesto

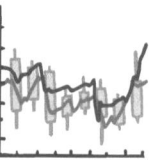

stock
acción

trabaho
trabajar

empleyado
empleado

taga-empleyo
empleador

pabrika
fábrica

tindahan
negocio

mga trabaho
ocupaciones

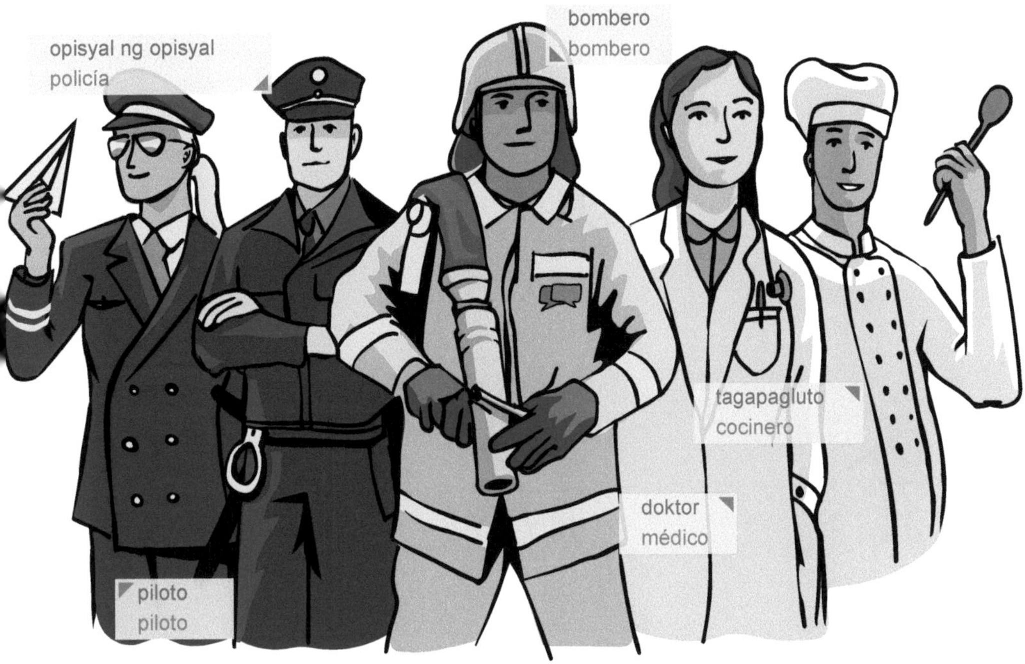

opisyal ng opisyal
policía
bombero
bombero
tagapagluto
cocinero
doktor
médico
piloto
piloto

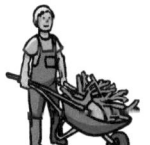

hardinero

jardinero

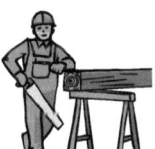

karpentero

carpintero

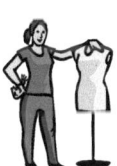

mananahi

modista

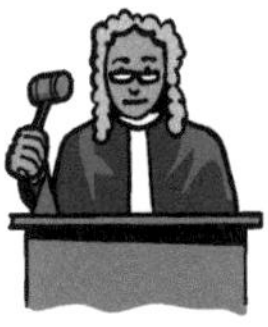

hukom

juez

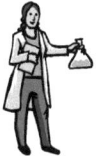

kemiko

farmacéutico

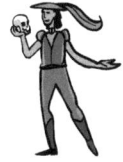

aktor

actor

tsuper ng bus

colectivero

tsuper ng taxi

taxista

mangingisda

pescador

tagapaglinis

mucama

tagapagkabit ng bubong

techista

waiter

mozo

mangangaso

cazador

pintor

pintor

panadero

panadero

elektrisyan

electricista

tagapagtayo

albañil

inhinyero

ingeniero

magkakarne

carnicero

tubero

plomero

kartero

cartero

sundalo

soldado

arkitekto

arquitecto

kahera

cajero

magtitinda ng bulaklak

florista

manggugupit

peluquero

konduktor

cobrador

mekaniko

mecánico

kapitan

capitán

dentista

dentista

siyentipiko

científico

rabbi

rabino

imam

imán

monghe

monje

klero

sacerdote

mga kagamitan
herramientas

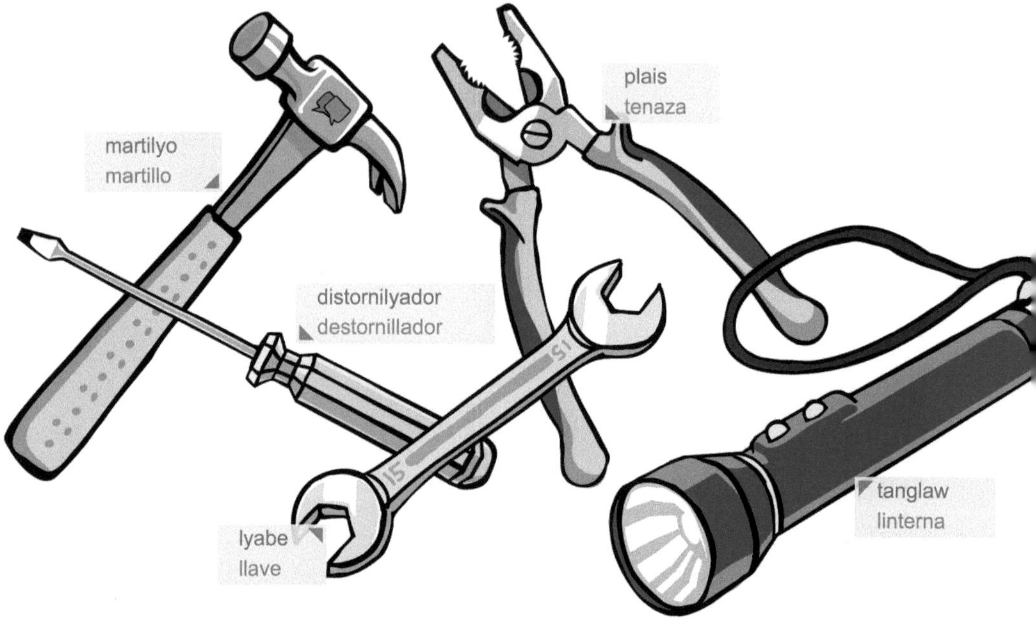
plais
tenaza
martilyo
martillo
distornilyador
destornillador
tanglaw
linterna
lyabe
llave

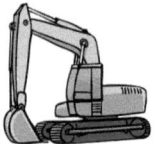

panghukay

excavadora

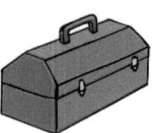

toolbox

caja de herramientas

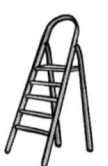

hagdan

escalera portátil

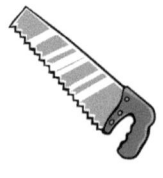

lagari

sierra

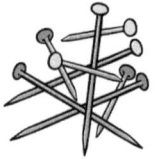

mga pako

clavos

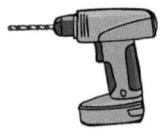

pambutas

taladro

kumpunihin
....
arreglar

pala
....
pala de jardín

Kainis!
....
¡Qué bronca!

pandakot
....
pala de plástico

palayok ng pintura
....
tacho de pintura

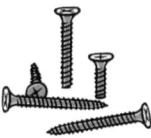

mga tornilyo
....
tornillos

mga pangmusikang instrumento
instrumentos musicales

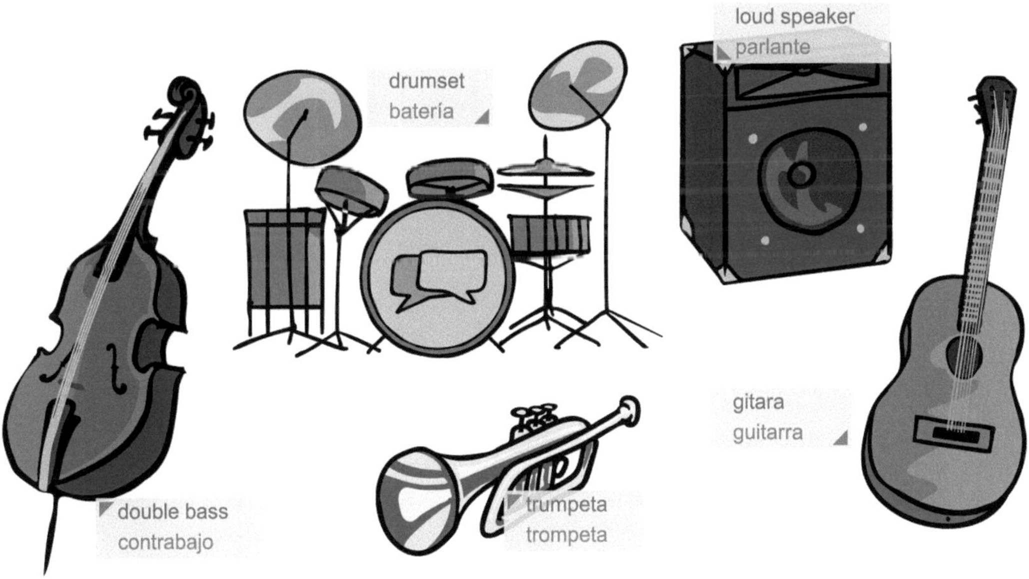

loud speaker
parlante

drumset
batería

gitara
guitarra

double bass
contrabajo

trumpeta
trompeta

piyano

piano

biyolin

violín

bass

bajo

timpani

timbales

mga drum

tambor

keyboard

teclado

saksopon

saxofón

plauta

flauta

mikropono

micrófono

zoo

zoológico

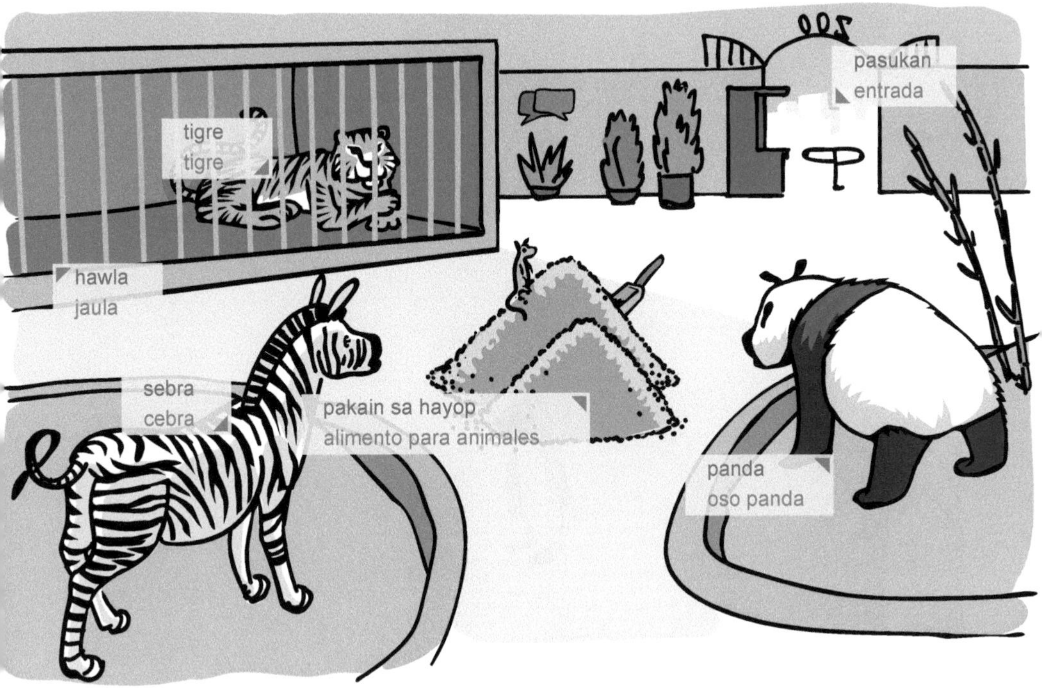
pasukan
entrada
tigre
tigre
hawla
jaula
sebra
cebra
pakain sa hayop
alimento para animales
panda
oso panda

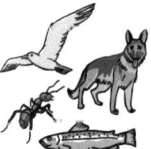

mga hayop

animales

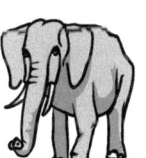

elepante

elefante

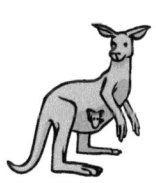

kanggaro

canguro

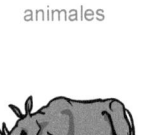

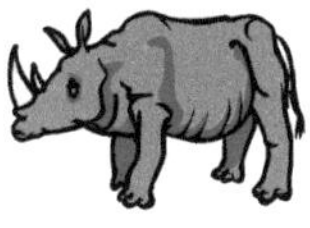

rhino

rinoceronte

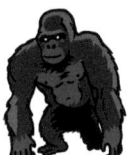

gorilya

gorila

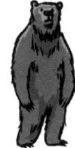

oso

oso

kamelyo

camello

ostrich

avestruz

leon

león

unggoy

mono

flamingo

flamenco

loro

loro

polar bear

oso polar

penguin

pingüino

pating

tiburón

paboreal

pavo real

ahas

serpiente

buwaya

cocodrilo

tagapag-alaga ng zoo

cuidador del zoológico

seal

foca

jaguar

jaguar

buriko

poni

leopardo

leopardo

hipo

hipopótamo

dyirap

jirafa

agila

águila

bulugan

jabalí

isda

pescado

pagong

tortuga

walrus

morsa

soro

zorro

gasel

gacela

Amerikanong putbol
fútbol americano

pamimisikleta
ciclismo

tennis
tenis

basketbol
básquet

paglalangoy
natación

ice-hockey
hockey sobre hielo

boksing
boxeo

soccer
fútbol

badminton
bádminton

atletiks
atletismo

handball
handball

skiing
esquí

polo
polo

mga aktibidad
actividades

tumalon
saltar
yakapin
abrazar
tumawa
reír
lumakad
caminar
kumanta
cantar
mangarap
soñar
magdasal
rezar
halikan
besar

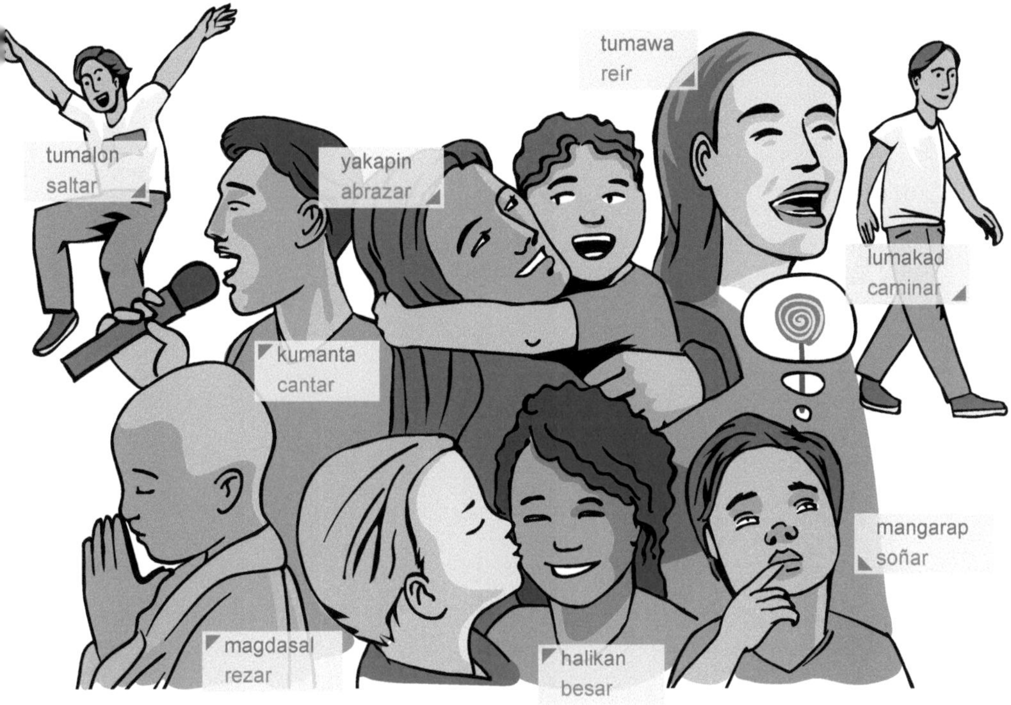

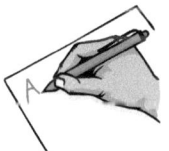

sumulat
escribir

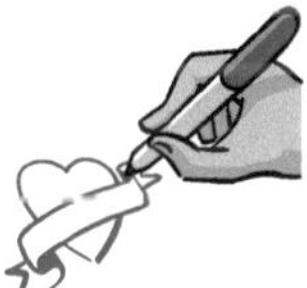

gumuhit
dibujar

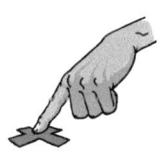

ipakita
mostrar

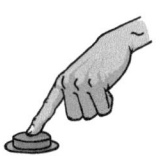

itulak
presionar

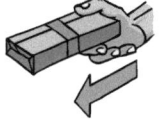

magbigay
dar

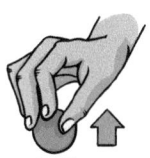

kunin
tomar

magkaroon

tener

gawin

hacer

maging

ser

tumayo

estar parado

tumakbo

correr

hilahin

tirar

itapon

tirar

malaglag

caer

mahiga

estar acostado

hintayin

esperar

dalhin

llevar

umupo

estar sentado

magbihis

vestirse

matulog

dormir

gumising

despertar

tumingin

mirar

umiyak

llorar

estilo

acariciar

magsuklay

peinar

magsalita

hablar

intindihin

entender

magtanong

preguntar

makinig

escuchar

uminom

beber

kumain

comer

linisin

ordenar

mahal

amar

magluto

cocinar

magmaneho

manejar

lumipad

volar

maglayag

navegar

kalkulahin

calcular

basahin

leer

matuto

aprender

trabaho

trabajar

pakasalan

casarse

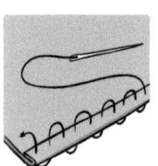

tahiin

coser

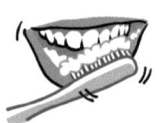

magsipilyo ng ngipin

cepillarse los dientes

patayin

matar

manigarilyo

fumar

magpadala

enviar

lola
abuela

lolo
abuelo

ama
padre

ina
madre

sanggol
bebé

anak na babae
hija

anak na lalaki
hijo

panauhin

invitado

tiya

tía

tiyo

tío

kuya

hermano

ate

hermana

katawan

cuerpo

noo
frente
mata
ojo
balikat
hombro
daliri
dedo
mukha
cara
baba
pera
kamay
mano
suso
pecho
binti
pierna
bisig
brazo

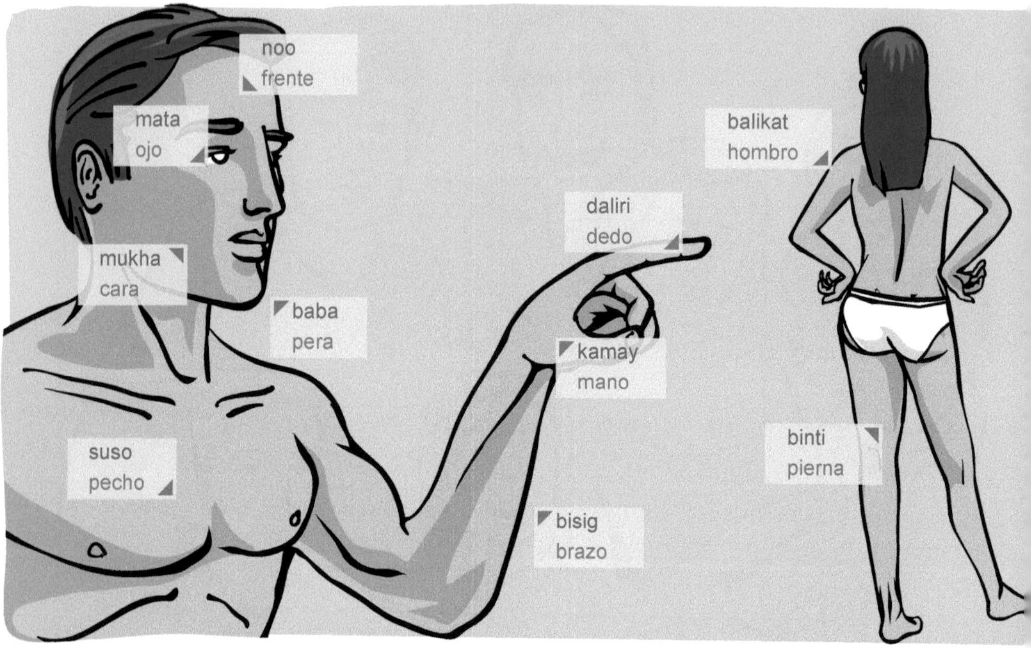

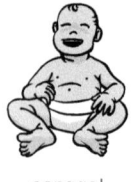

sanggol

bebé

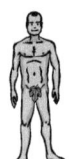

lalaki

hombre

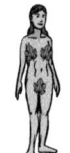

babae

mujer

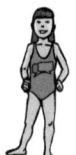

batang babae

nena

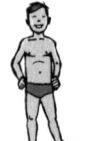

batang lalaki

nene

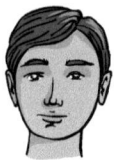

ulo

cabeza

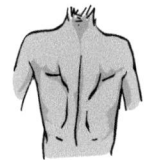

likod

espalda

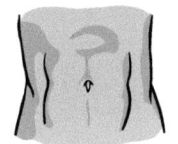

tiyan

panza

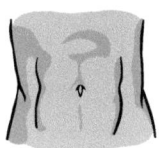

pusod

ombligo

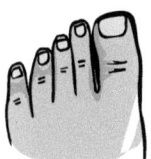

daliri ng paa

dedo del pie

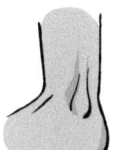

takong

talón

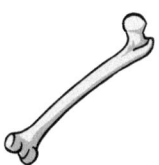

buto

hueso

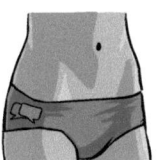

balakang

cadera

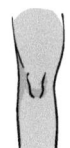

tuhod

rodilla

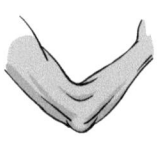

siko

codo

ilong

nariz

gitna

cola

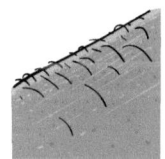

balat

piel

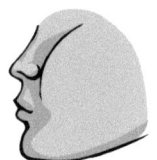

pisngi

cachete

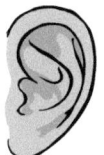

tainga

oreja

labi

labio

katawan - cuerpo

bibig
boca

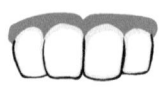

ngipin
diente

dila
lengua

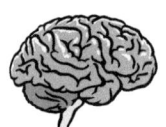

utak
cerebro

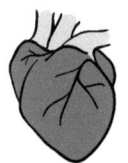

puso
corazón

kalamnan
músculo

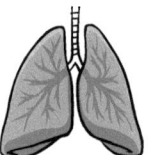

baga
pulmón

atay
hígado

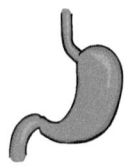

sikmura
estómago

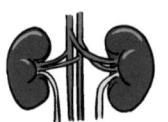

mga bato
riñones

pagtatalik
sexo

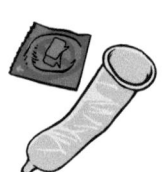

kondom
preservativo

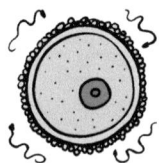

obyum
óvulo

semen
semen

pagbubuntis
embarazo

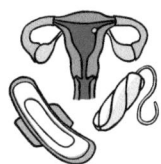

pagreregla
menstruación

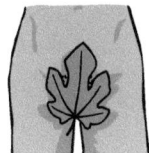

vagina
vagina

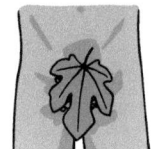

ari ng lalaki
pene

kilay
ceja

buhok
pelo

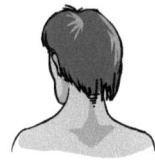

leeg
cuello

ospital
hospital

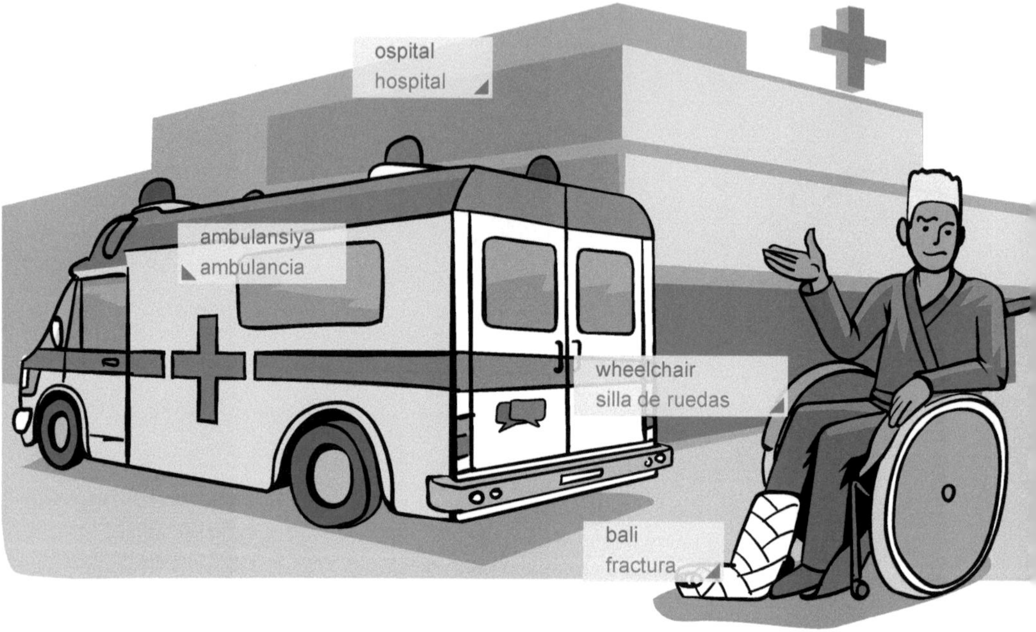

ospital
hospital
ambulansiya
ambulancia
wheelchair
silla de ruedas
bali
fractura

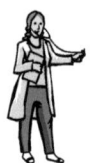

doktor
médico

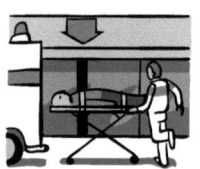

silid pang-emergency
sala de guardia

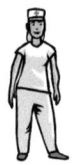

nars
enfermera

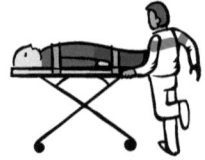

emerhensiya
emergencia

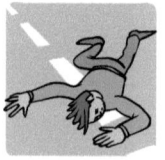

walang malay
inconsciente

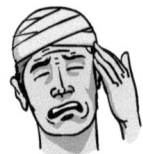

pananakit
dolor

pinsala

lesión

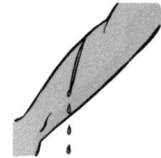

nagdurugo

hemorragia

atake sa puso

infarto

atake serebral

ACV

alerdye

alergia

ubo

tos

lagnat

fiebre

trangkaso

gripe

pagdudumi

diarrea

sakit ng ulo

dolor de cabeza

kanser

cáncer

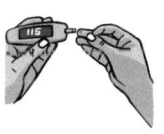

diyabetis

diabetes

siruhano

cirujano

iskalpel

bisturí

operasyon

operación

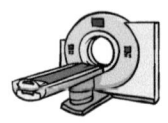

CT
TC

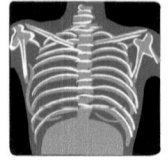

x-ray
rayos x

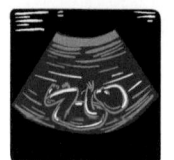

ultrasound
ecografía

maskara sa mukha
barbijo

sakit
enfermedad

silid-antayan
sala de espera

saklay
muleta

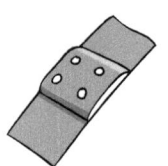

plaster
curita

benda
venda

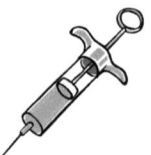

iniksyon
inyección

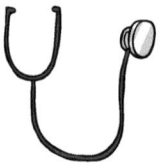

istetoskopyo
estetoscopio

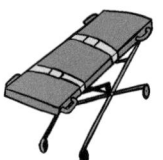

estretser
camilla

klinikal na termometro
termómetro

pagsilang
nacimiento

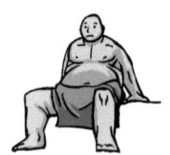

labis sa timbang
sobrepeso

hearing-aid

audífono

pang-disimpekta

desinfectante

impeksyon

infección

bayrus

virus

HIV / AIDS

VIH / SIDA

medisina

remedio

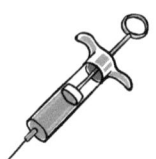

bakuna

vacunación

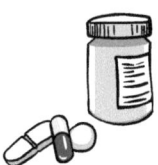

mga tableta

comprimidos

tabletas

pastilla anticonceptiva

emergency na tawag

llamada de emergencia

pagmamatyag sa presyon
ng dugo

tensiómetro

may sakit / malusog

enfermo / sano

Tulong!

¡Ayuda!

alarma

alarma

asulto

agresión

atake

ataque

panganib

peligro

labasang pang-emergency

salida de emergencia

Sunog!

¡Fuego!

fire extinguisher

matafuego

aksidente

accidente

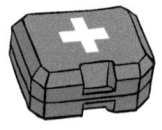

kagamitan sa paunang
lunas

botiquín de primeros
auxilios

SOS

SOS

pulis

policía

Europa

Europa

Hilagang Amerika

América del Norte

Timog Amerika

América del Sur

Aprika

África

Asya

Asia

Australia

Australia

Atlantika

Atlántico

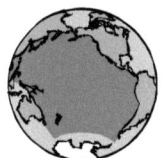

Pasipiko

Pacífico

Dagat Indiano

Océano Índico

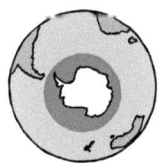

Dagat Antarktika

Océano Antártico

Dapat Arktika

Océano Ártico

Hilagang polo

polo norte

Timog polo
....
polo sur

Antartika
....
Antártida

mundo
....
Tierra

lupa
....
tierra

dagat
....
mar

isla
....
isla

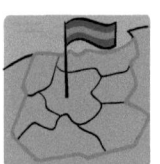

bansa
....
nación

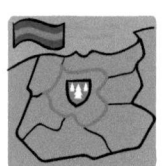

estado
....
estado

mukha ng orasan

esfera

orasang kamay

manecilla de las horas

minutong kamay

minutero

segundong kamay

segundero

Anong oras na?

¿Qué hora es?

araw

día

oras

hora

ngayon

ahora

digital na relo

reloj digital

minuto

minuto

oras

hora

linggo
semana

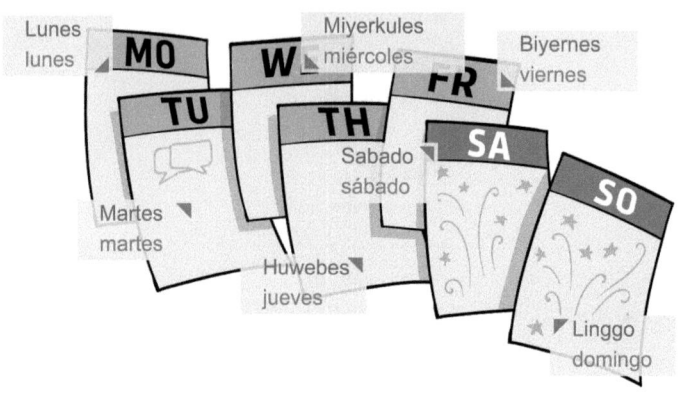

Lunes / lunes — MO
Miyerkules / miércoles — W
Biyernes / viernes — FR
Martes / martes — TU
Sabado / sábado — SA
Huwebes / jueves — TH
Linggo / domingo — SO

kahapon

ayer

ngayon

hoy

bukas

mañana

umaga

mañana

tanghali

mediodía

gabi

tarde

mga araw ng negosyo

días hábiles

katapusan ng linggo

fin de semana

taon

año

ulan
lluvia
bahaghari
arco iris
hangin
viento
niyebe
nieve
tagsibol
primavera
taglagas
otoño
tag-init
verano
taglamig
invierno

4.APRIL 11°
5.APRIL 4°
6.APRIL 13°
7.APRIL 8°
8.APRIL 10°

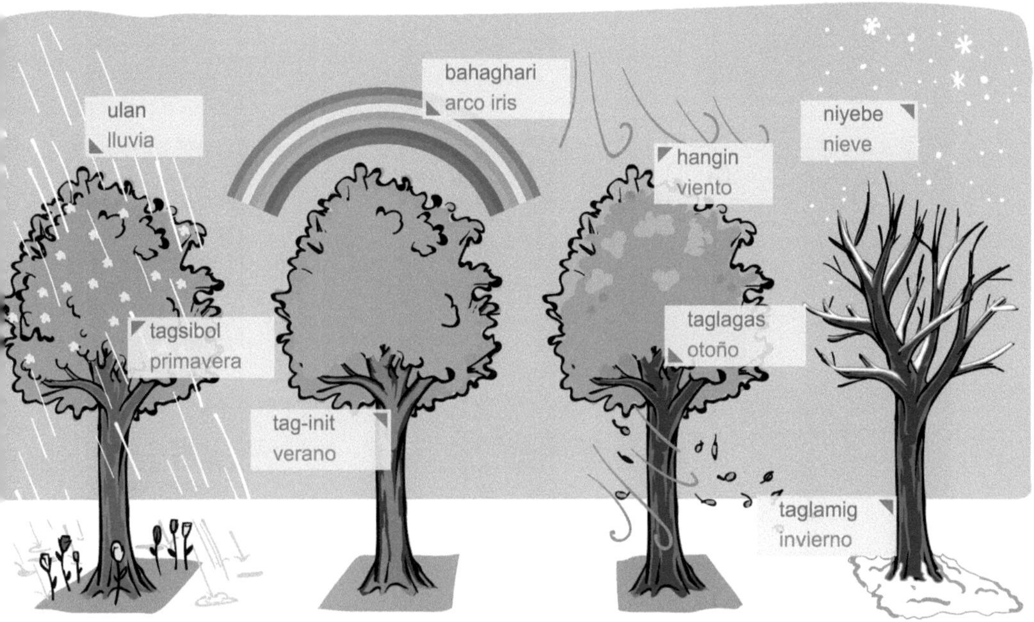

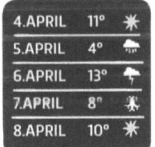

lagay ng panahon

pronóstico meteorológico

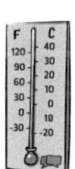

termometro

termómetro

sikat ng araw

luz del sol

ulap

nube

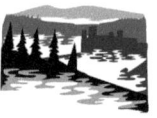

hamog

niebla

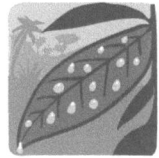

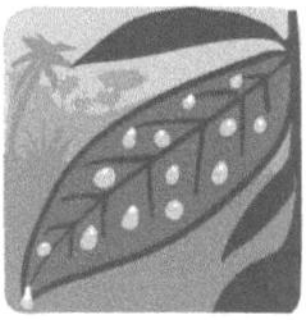

kahalumigmigan

humedad

kidlat

rayo

kulog

trueno

bagyo

tormenta

may yelong ulan

granizo

tag-ulan

monzón

pagkain

inundación

yelo

hielo

Enero

enero

Pebrero

febrero

Marso

marzo

Abril

abril

Mayo

mayo

Hunyo

junio

Hulyo

julio

Agosto

agosto

taon - año

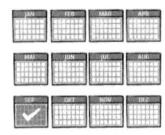

Setyembre

septiembre

Oktubre

octubre

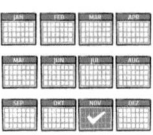

Nobyembre

noviembre

Disyembre

diciembre

bilog

círculo

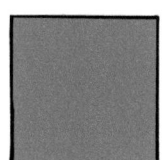

parisukat

cuadrado

rektanggulo

rectángulo

tatsulok

triángulo

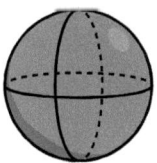

pabilog

esfera

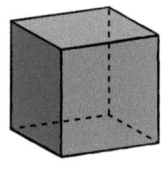

kyub

cubo

puti

blanco

dilaw

amarillo

kahel

naranja

rosas

rosa

pula

rojo

ube

violeta

asul

azul

berde

verde

brown

marrón

grey

gris

itim

negro

marami / kakaunti

mucho / poco

takot / kalmado

enojado / tranquilo

maganda / pangit

lindo / feo

simula / katapusan

principio / fin

malaki / maliit

grande / chico

matingkad / madilim

claro / oscuro

kuya / ate

hermano / hermana

malinis / madumi

limpio / sucio

kumpleto / kulang

completo / incompleto

araw / gabi

día / noche

patay / buhay

muerto / vivo

malawak / makipot

ancho / angosto

nakakain / hindi nakakain

comestible / no comestible

masama / mabuti

malo / amable

nakakatuwa / nakakainip

entusiasmado / aburrido

mataba / payat

gordo / flaco

una / huli

primero / último

kaibigan / kaaway

amigo / enemigo

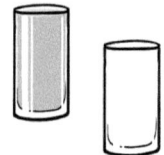

puno / walang laman

lleno / vacío

matigas / malambot

duro / blando

mabigat / magaan

pesado / liviano

gutom / uhaw

hambre / sed

may sakit / malusog

enfermo / sano

ilegal / legal

ilegal / legal

matalino / tanga

inteligente / estúpido

kaliwa / kanan

izquierda / derecha

malapit / malayo

cerca / lejos

magkasalungat - opuestos

bago /gamit na

nuevo / usado

wala /mayroon

nada / algo

matanda / bata

viejo / joven

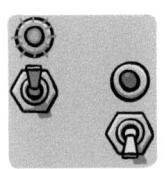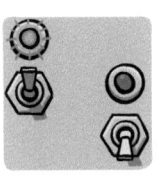

naka-on / naka-off

encendido / apagado

bukas / sarado

abierto / cerrado

tahimik / maingay

silencioso / ruidoso

mayaman / mahirap

rico / pobre

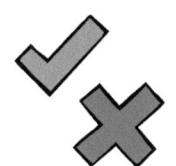

tama / mali

correcto / incorrecto

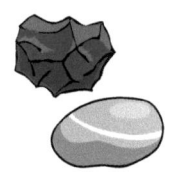

magaspang / makinis

áspero / suave

malungkot / masaya

triste / contento

maikli / mahaba

corto / largo

mabagal / mabilis

lento / rápido

basa / tuyo

mojado / seco

maligamgam / malamig

caliente / frío

digmaan / kapayapaan

guerra / paz

0

sero

cero

1

isa

uno

2

dalawa

dos

3

tatlo

tres

4

apat

cuatro

5

lima

cinco

6

anim

seis

7

pito

siete

8

walo

ocho

9

siyam

nueve

10

sampu

diez

11

labing-isa

once

12

labindalawa

doce

13

labintatlo

trece

14

labing-apat

catorce

15

labinlima

quince

16

labing-anim

dieciséis

17

labimpito

diecisiete

18

labing-walo

dieciocho

19

labinsiyam

diecinueve

20

dalawampu

veinte

100

daan

cien

1.000

libo

mil

1.000.000

milyon

millón

Ingles

inglés

Amerikan na Ingles

inglés americano

Tsinong Mandarin

chino mandarín

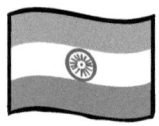

Hindi

hindi

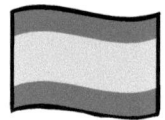

Espanyol

español

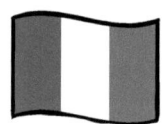

Pranses

francés

Arabe

árabe

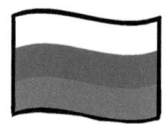

Ruso

ruso

Portuges

portugués

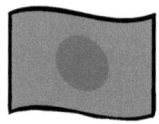

Bengali

bengalí

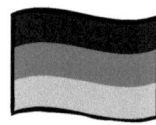

Aleman

alemán

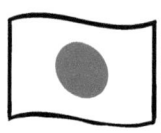

Hapon

japonés

ako

yo

ikaw

vos

siya / siya / ito

él / ella

kami

nosotros

ikaw

ustedes

sila

ellos

sino?

¿quién?

ano?

¿qué?

paano?

¿cómo?

saan?

¿dónde?

kailangan?

¿cuándo?

pangalan

nombre

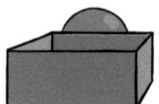

likuran

detrás

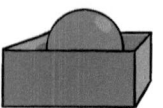

saan

en

sa harap ng

adelante de

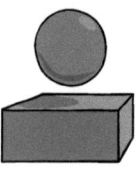

itaas

por encima de

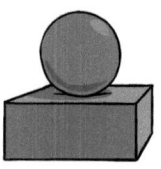

sa

sobre

ilalim

debajo de

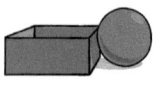

katabi

al lado de

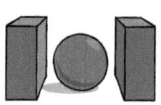

pagitan

entre

lugar

lugar